BEI GRIN MACHT SICH IHR WISSEN BEZAHLT

- Wir veröffentlichen Ihre Hausarbeit, Bachelor- und Masterarbeit
- Ihr eigenes eBook und Buch - weltweit in allen wichtigen Shops
- Verdienen Sie an jedem Verkauf

Jetzt bei www.GRIN.com hochladen und kostenlos publizieren

Rebecca Müller

Die Todesrituale der Iban in Relation zur Hertz'schen Theorie eines zweistufigen Begräbnisprozesses

GRIN Verlag

Bibliografische Information der Deutschen Nationalbibliothek:

Die Deutsche Bibliothek verzeichnet diese Publikation in der Deutschen Nationalbibliografie; detaillierte bibliografische Daten sind im Internet über http://dnb.d-nb.de/ abrufbar.

Dieses Werk sowie alle darin enthaltenen einzelnen Beiträge und Abbildungen sind urheberrechtlich geschützt. Jede Verwertung, die nicht ausdrücklich vom Urheberrechtsschutz zugelassen ist, bedarf der vorherigen Zustimmung des Verlages. Das gilt insbesondere für Vervielfältigungen, Bearbeitungen, Übersetzungen, Mikroverfilmungen, Auswertungen durch Datenbanken und für die Einspeicherung und Verarbeitung in elektronische Systeme. Alle Rechte, auch die des auszugsweisen Nachdrucks, der fotomechanischen Wiedergabe (einschließlich Mikrokopie) sowie der Auswertung durch Datenbanken oder ähnliche Einrichtungen, vorbehalten.

Impressum:

Copyright © 2005 GRIN Verlag GmbH
Druck und Bindung: Books on Demand GmbH, Norderstedt Germany
ISBN: 978-3-638-95655-0

Dieses Buch bei GRIN:

http://www.grin.com/de/e-book/53150/die-todesrituale-der-iban-in-relation-zur-hertz-schen-theorie-eines-zweistufigen

GRIN - Your knowledge has value

Der GRIN Verlag publiziert seit 1998 wissenschaftliche Arbeiten von Studenten, Hochschullehrern und anderen Akademikern als eBook und gedrucktes Buch. Die Verlagswebsite www.grin.com ist die ideale Plattform zur Veröffentlichung von Hausarbeiten, Abschlussarbeiten, wissenschaftlichen Aufsätzen, Dissertationen und Fachbüchern.

Besuchen Sie uns im Internet:

http://www.grin.com/

http://www.facebook.com/grincom

http://www.twitter.com/grin_com

Westfälische Wilhelms - Universität Münster
Institut für Ethnologie

Proseminar:
Todesrituale in Südostasien und dem Pazifik

Datum: 03.03.2005

Die Todesrituale der Iban in Relation zur Hertz'schen Theorie eines zweistufigen Begräbnisprozesses

Vorgelegt von:

Rebecca Müller
1.Fachsemester

Inhaltsverzeichnis

1. Einleitung 2

2. Quellenkritik 3

3. Die Ethnie der Iban 3
   3.1 Gesellschaftliche Grundlagen 4
      3.1.1 Kosmologie 4
      3.1.2 Bestandteile einer Person 5

   3.2 Gesellschaftliche Strukturen 6
      3.2.1 Soziale Einheiten 6
      3.2.2 Religiöse Spezialisten 7

   3.3 Todesrituale 8
      3.3.1 Das Totengeleit (*nyenggaiˆ antu*) 8
      3.3.2 Das Abtrennen der *bunga*- Pflanze (*pelian beserara bunga*) 10
      3.3.3 Das Fest der Ahnengeister (*gawai antu*) 11

4. Analyse 12

5. Fazit 13

6. Bibliographie 15

1. Einleitung

Der Glaube an eine Wiedergeburt, an ein Weiterleben im Paradies oder eine spätere Existenz in der Gemeinschaft der Ahnen: Jede Kultur besitzt spezifische Vorstellungen über den Tod und das, was danach kommt. Insoweit stellt die Entwicklung von Vorstellungen bezüglich des Todes eine allen Menschen gemeinsame Eigenschaft dar. Eine Auseinandersetzung mit den Todesritualen und Vorstellungen bezüglich der Ereignisse nach dem Tod ermöglichen einen tiefen Einblick in die innere Struktur und das Selbstverständnis einer Kultur.

Aus diesem Grund beschäftige ich mich in dieser Hausarbeit mit den Todesritualen der Iban auf Borneo. Eine Analyse dieser Rituale unter Berücksichtigung der gesellschaftlichen Vorstellungen über die Bestandteile einer Person sowie der Kosmologie soll ein Grundverständnis dieser Ethnie ermöglichen. Anschließend werde ich untersuchen, inwiefern sich die aus der Betrachtung der Todesrituale gewonnenen Erkenntnisse in Relation zur Hertzschen Theorie über einen zweistufigen Begräbnisprozess bringen lassen.

Robert Hertz geht in seiner Studie „The collective representation of death" davon aus, dass der Tod eines Menschen eine Gefahr für die Kontinuität der Gesellschaft darstellt. Dies resultiert aus der durch den Tod hervorgerufenen Zerstörung der sozialen Bindungen dieses Individuums und ruft folglich eine Lücke im sozialen Gefüge der Gemeinschaft hervor. Diese Gefährdung wird von den Mitgliedern der Gesellschaft wahrgenommen und mit dem Körper und dem Geist des Verstorbenen in Verbindung gebracht. Der Körper wird im ersten Begräbnisritual beerdigt, um die von ihm ausgehende Gefahr zu bannen. Außerdem wird der Tote für eine befristete Zeit aus der Gesellschaft ausgeschlossen; dies findet in einer totalen Verneinung seiner vormaligen Existenz statt. Nahe stehende Verwandte gelten als besonders gefährdet, weshalb ihnen in der anschließenden Trauerphase Restriktionen auferlegt werden. Die Zeitspanne zwischen Tod und einer Wiedereingliederung des Toten in die Gesellschaft wird als „intermediary state between death and ressurection (…) in which the soul is thought to free itself from the impurity of death or from the sin attached to it" (Hertz 1960: 82) definiert. Die Gemeinschaft nutzt diese Phase, um die entstandene Lücke im sozialen Gefüge neu zu besetzen. Ist diese Zeitspanne, meist gekennzeichnet durch die vollständige Verwesung des Körpers des Verstorbenen, überwunden, findet ein zweites Begräbnis statt. Dieses Ritual markiert das Ende der Trauerzeit und symbolisiert die Reintegration des Toten in die Gesellschaft. Der Verstorbene wird nun als vollständig in das Totenreich eingegliedert und damit zu einer anderen Daseinsform transferiert angesehen, womit er seine Gefährlichkeit verliert. Zu diesem Zeitpunkt hat ebenfalls eine

Transformation der Gesellschaft stattgefunden, indem sie sich an den Verlust eines Mitgliedes angepasst hat. Diese Anpassung wird als Triumph der Gesellschaft über den Tod gedeutet.

Es findet also eine zweifache Transformation, die als ein Übergang von einem Status in einen anderen zu definieren ist, sowohl der Gesellschaft als auch des Verstorbenen statt. (Vgl. Hertz 1960: 76 ff.)

2. Quellenkritik

In dieser Hausarbeit verwende ich hauptsächlich das von Clifford Sather verfasste Werk *„Seeds of Play, Words of Power: An Ethnographic Study of Iban Shamanic Chants "*. Zum Verständnis der Todesrituale wird der Artikel *„Transformations of Self an Community in Saribas Iban Death rituals"* aus dem Jahr 2003 desselben Autors herangezogen.

Der Autor Clifford Sather ist einer der für diese Region bedeutendsten Ethnologen und Autoren unserer Zeit. Er hatte den Lehrstuhl für Dayak-Studien an der Universität von Malaysia in Sarawak inne, bevor er zur Universität Helsinki in Finnland wechselte. Außerdem ist er Herausgeber des *Borneo Research Bulletin* und hat zahlreiche Werke über maritime Kulturen in Sabah und Aspekte der Kultur der Iban in Sarawak, wie beispielsweise das Werk *Bajau Laut* aus dem Jahre 1997, veröffentlicht.

Die in diesen Werken veröffentlichten Daten stammen aus Feldstudien, welche der Autor in den Jahren 1977-1979 im Gebiet des Lower Betong und Saratok Distrikts durchführte. In den 90'er Jahren kehrte er noch mehrmals zu weiteren Studien in dieses Gebiet zurück. Er arbeitete mit dem Ethnologen Benedict Sandin zusammen. Ein Grossteil der Kenntnisse stammt aus Beobachtungen von Heilungszeremonien, die der Schamane Manang Jabing anak Incham of Tarum Longhouse in dieser Zeit abhielt. (Vgl. Wilder 2003: XIV)

Meiner Meinung nach sind die Daten als zuverlässig zu bewerten, da der Autor innerhalb der Ethnologie ein hohes Ansehen genießt. Hierfür spricht auch seine Zusammenarbeit mit dem Ethnologen Sandin, der auf dem Gebiet der Iban bereits zuvor geforscht hatte. Die Veröffentlichung des originalen Wortlautes der aufgezeichneten rituellen Gesänge weist meiner Ansicht nach ebenfalls auf eine Authentizität der Daten hin.

3. Die Ethnie der Iban

Die Nord-West Küste Borneos stellt die Heimat der Iban dar. Sie gehört heute dem größten Staat Malaysias, Sarawak, an. Obwohl die Iban nur eine der zahlreichen Ethnien dieses Landstriches darstellen, nehmen sie mit 30% den Grossteil der Bevölkerung ein. Ihre traditionelle Religion ist eine Mischung aus animistischen und hindu-buddhistischen Glaubensvorstellungen. Die Kopfjagd, welche der Gemeinschaft Fruchtbarkeit und Stärke verleihen sollte, wurde zugunsten eines agrarisch geprägten Lebensstiles aufgegeben. Obwohl die Mehrheit der Menschen den christlichen Glauben angenommen hat, werden die alten Rituale wie etwa das Erntefest *Gawai Dayak* auch heute noch gefeiert. Der entstehungsgeschichtliche Ursprung der Kultur der Iban liegt im Hinterland von Kalimantan. In der Mitte des 16. Jahrhunderts setzte eine Migrationsbewegung nach Sarawak ein, welche bis ins 19. Jahrhundert anhielt. Heutzutage haben sich Menschen dieser Ethnie nahezu im gesamten Staatsgebiet angesiedelt. (N.N. 2005)[1]

3.1 Gesellschaftliche Grundlagen

Die Ethnie der Iban verfügt über spezifische Vorstellungen über den Ursprung und den Aufbau der Welt, in der sie leben. Sie sehen sich selbst als das Zentrum des Universums an, wobei sie sich dem Ethnozentrismus zahlreicher anderer Ethnien anschließen. (Vgl. Sutlive 1978: 1)

3.1.1 Kosmologie

In der traditionellen Vorstellung teilt sich die Welt in unterschiedliche Regionen auf. In der mythischen Vergangenheit existierte diese Trennung noch nicht und Menschen, Geister und Götter lebten in derselben Welt. Nach und nach fand eine Abwanderung der unterschiedlichen Gruppen statt. Aus dieser Entwicklung resultierte schließlich die Trennung der Welt. Das Universum lässt sich bildlich als „two bowls, one inverted upon the other, with a flat area between the two" (Jensen 1974: 103) darstellen . Aus dieser Illustration lassen sich die drei Sphären der Welt ableiten: Der Himmel (*langit*), der sich einem Gewölbe gleich über der flachen Scheibe der Erde (*dunya*) erhebt, sowie das Reich der Toten (*menua Sebayan*) unterhalb der Erde. (Vgl. Jensen 1974: 103 f.)

Trotz der Trennung dieser Regionen und der Schwierigkeit des sich zwischen diesen Dimensionen Bewegens, wie sie im Mythos des Menschen Beji dargestellt wird (vgl. Jensen 1974: 103), stehen die Dimensionen untereinander in Kontakt und beeinflussen sich gegenseitig. Als landschaftliche Verbindungen werden der Berg Rabung, welcher sowohl in der Welt der Lebenden als auch im Totenreich existiert, sowie der in dieser Welt entspringende und sich ins Totenreich fortsetzende Fluss Mandai[2] angesehen. Es herrscht die Vorstellung, dass die Siedlungen der Toten im Totenreich sich an den Ufern dieses Flusses befinden. Die den Seelen der Toten zugesprochene Welt ist der Welt der Lebenden

---

[1] http://www.sarawaktourism.com
[2] Der dieser Vorstellung zu Grunde liegende reale Fluss fließt durch das Gebiet Kalimantan Barat.

gegensätzlich ausgerichtet. So ist es dort Nacht, wenn es bei den Menschen Tag ist. (Vgl. Sather 2001: 87 ff.)

Der Kosmos der Iban wird bevölkert von Göttern (*petara*), Geistern (*antu*), den Seelen der Ahnen (*antu Sebayan*) sowie den Menschen. Die Götter werden als im Himmel lebend und den Menschen gegenüber grundsätzlich wohlwollend beschrieben. Die Geister existieren in derselben Welt wie die Menschen. Ihr Einwirken auf Menschen wird oftmals als Ursache für Krankheiten oder Unglücksfälle angesehen. Diese Geister sind, obwohl in derselben Dimension lebend, für das menschliche Auge unsichtbar[3]. (Vgl. Sutlive 1978: 101) Die Seelen der Ahnen schließlich bevölkern die Unterwelt. Eine Interaktion mit den Verstorbenen findet lediglich im Traum statt. In diesem Zustand verlässt die Seele des Menschen den Körper und geht in die Paralleldimension über, um dort in Kontakt mit den Verstorbenen zu treten. (Vgl. Sather 2001: 89) Aus diesem Grund sind Träume nicht etwas Imaginäres, sondern die Erfahrungen der Seelen auf ihrer Reise außerhalb des Körpers (vgl. Jensen 1974: 116).

3.1.2 Bestandteile einer Person

Aus Sicht der Iban setzt sich jeder Mensch aus einem sichtbaren, in dieser Dimension existierenden Körper (*tubuh* oder *tuboh*), einer unsichtbaren Seele (*semengat* oder *samengat*) und einem in Form einer Blume dargestellten, außerkörperlichen Element (*ayu*) zusammen. In dieser Vorstellung lässt sich die im Glauben der Iban verwurzelte Dichotomie, also das Vorhandensein einer sichtbaren und einer unsichtbaren Komponente in nahezu allen Dingen und Lebewesen, deutlich erkennen. Nur wenn sämtliche Bestandteile einer Person korrekt verbunden sind, kann die betreffende Person gesund leben. (Vgl. Sather 2001: 48 f.)

Der Körper wurde durch den Gott der Schmiede, Selampandai, aus Erde erschaffen. Im Moment der Geburt wird ihm der Atem des Lebens eingehaucht. Doch jedes Individuum besitzt nur eine begrenzte Menge an Atem und wenn sie verbraucht ist, stirbt man. Nach dem Tod zersetzt sich der Körper und wird wieder zu Erde. (Vgl. Sather 2001: 49 ff.)

Die Seele eines Menschen ‚wohnt' im Körper, doch sie ist fähig, ihn zu verlassen und für einen begrenzten Zeitraum in der Paralleldimension unabhängig von ihm zu existieren. In diesem Zustand manifestiert sie sich in einer körperlichen Form, die oftmals als „Schatten" beschrieben wird. Innerhalb des Körpers wohnt die Seele entweder im Herzen, in der Kehle oder im Nacken. Beim Tod verlässt die

---

[3] Psychologisch werden diese dem Menschen schadenden Geister als Personifizierungen von Gefahren und kommunalen Ängsten angesehen.

Seele den Körper für immer und geht in das Totenreich (*menua Sebayan*) über. (Vgl. Jensen 1974: 106 ff.)

Die *ayu*- Pflanze[4] schließlich stellt ein nur für die Seele des Schamanen sichtbares Bild des Lebens einer Person, oft beschrieben in Form einer Pflanze, dar. Dieses Bild wird auch als „Ersatzseele" (Pilz 1988: 23) bezeichnet. Diese mythische Pflanze ist ein außerkörperliches Element und soll an den Hängen eines weit entfernten Berges wachsen. Jede Pflanze wird zu einer Familie in Beziehung gesetzt, wobei die Äste die jeweiligen Mitglieder der Familie symbolisieren. Die Gesundheit der einzelnen Familienmitglieder wird durch eine Art magische Symbiose in Korrelation zum Wachstum des betreffenden Astes angesehen. (Vgl. Pilz 1988: 23 f.) Diese in der Paralleldimension existierende Pflanze besitzt als „Haus der Seele" eine ähnliche Funktion wie der Körper in der sichtbaren Dimension, doch steht hier das kollektive Element der Familienzugehörigkeit im Vordergrund (vgl. Sather 2001: 58).

3.2 Gesellschaftliche Strukturen

Bei einer Untersuchung der sozialen Strukturen der Ethnie der Iban muss angemerkt werden, dass die Grenzen zwischen den einzelnen Einheiten oftmals fließend und ständig in einem Umwandlungsprozess begriffen sind. Das Vertrauen auf die Gastfreundschaft fremder Personen und die Möglichkeit der Aufnahme in deren Gesellschaft ermöglichte erst die ausgeprägten Wanderungsbewegungen der Vergangenheit. (Vgl. Sutlive 1978 :37)

3.2.1 Soziale Einheiten

Die grundlegende gesellschaftliche Struktur der Iban stellt die *bilik*- Familie dar. Diese kleinste Gruppe besteht meistens aus fünf oder sechs miteinander verwandten Personen aus mehreren Generationen. Jede Einheit ist ökonomisch selbstständig und unabhängig von der Gemeinschaft. Mitglied wird man entweder durch Geburt, Heirat, Adoption oder spätere Aufnahme. Die Mehrheit der Iban lebt in Langhäusern, die bis zu 70 *bilik*- Familien aufnehmen können. Diese Langhäuser sind Zentren des täglichen Lebens und kamen aus ökonomischen, ökologischen und militärischen Gründen auf. Sie bilden auch heute noch die bevorzugte Art des Wohnens. Der gesellschaftliche Zusammenhalt außerhalb der Langhausgesellschaft wird durch flexible Beziehungen und lang zurückreichende Ahnenlisten ermöglicht. Durch Berufung auf eine durch einen gemeinsamen Ahnen bestehende Verwandtschaft wird die Akzeptanz des Individuums und damit

---

[4] Die *ayu*- Pflanze wird manchmal auch mit dem Begriff der *bunga*- Pflanze bezeichnet. Beide Ausdrücke werden teilweise synonym verwendet, in ihrer ursprünglichen Bedeutung bezeichnen sie jedoch unterschiedliche Aspekte derselben Pflanze. (Vgl. Sather 2001: 58)

die Aufnahme in eine gesellschaftliche Gruppe gesichert. (Vgl. Sutlive 1978 :39 ff.)

3.2.2 Religiöse Spezialisten

Die von den religiösen Spezialisten durchgeführten Rituale werden allgemein als *pelian* bezeichnet. Das Herzstück jedes dieser Rituale stellen gesungene oder gesprochene Texte dar, welche *leka main* („Kern der Handlung") genannt werden. Diese vorgetragenen Texte besitzen die Form von erzählender Poesie. (Vgl. Sather 2001: 1)

Die am deutlichsten eingegrenzte Rolle besitzen die so genannten Seelenführerinnen (*tukang sabak*). Diese Position wird meistens von Frauen eingenommen. Ihre Aufgaben beziehen sich ausschließlich auf die nach einem Todesfall durchzuführenden Rituale. Sie werden in der dem Todesfall folgenden Nacht gerufen, um durch das Singen eines Klageliedes (*sabak*) die Seele des Toten in die Unterwelt zu geleiten. Die gesungenen Texte beschreiben den Abschied der Seele des Verstorbenen von der Welt der Lebenden und seine Reise ins Totenreich. (Vgl. Sather 2001: 8 ff.)

Die Barden (*lemambang*) haben eine ausschließlich liturgische Rolle inne. Sie führen selbst keine Rituale durch, weshalb die Bezeichnung eines Priesters nicht zutrifft. Sie intonieren die Gesänge in den wichtigsten Ritualen (*gawai*) und besitzen das umfangreichste Wissen in Bezug auf die Geisterwelt. Diese Funktion kann sowohl von Frauen als auch von Männern ausgefüllt werden. (Vgl. Jensen 1974: 61 ff.)

Die wichtigste, weil umfangreichste Aufgabe besitzen die Schamanen (*manang*). Sie werden zur Diagnose und Heilung von Krankheiten und zur Interpretation von Träumen und Omen herangezogen und sind die einzigen Personen in der ibanischen Gesellschaft, deren Seele außerhalb des Körpers bewusst dirigiert werden kann. Sie können folglich als „ritual intercessor capale of passing at will from one cosmos to the other" (Sather 2001: 11) definiert werden. Ein Großteil der von ihnen durchgeführten Rituale zielt auf die Rettung verlorener oder gefangener Seelen und damit auf die Heilung eines Patienten ab. Aus diesem Grund besitzen die *manang* eher die Funktion eines Arztes als die eines Priesters. Am Ende eines Rituals verliert der Schamane für kurze Zeit das Bewusstsein und es herrscht der Glaube vor, dass er in diesem Zustand die zuvor in seinem Gesang beschriebenen Handlungen in der Paralleldimension vollzieht. Die Veränderungen, die er dort bewirkt, beeinflussen ebenfalls die sichtbare Welt. Sowohl Männer als auch Frauen können diese Rolle übernehmen. (Vgl. Sather 2001: 20 ff.)

Trotz seiner rituellen Macht und seines Wissens hat ein *manang* keine herausragende gesellschaftliche Stellung inne, das Gegenteil ist sogar der Fall. Dies mag aus der verminderten Sehfähigkeit vieler Schamanen, die mit der Fähigkeit im Geisterreich sehen zu können in Verbindung gebracht wird, und damit deren wirtschaftlicher Abhängigkeit von ihrer *bilik*-Familie resultieren. Auch die Veränderung seines Geschlechts, welche sich in für Frauen charakteristischer Kleidung und Verhalten äußert, unterscheidet den *manang* von den übrigen Iban. Aus seiner Andersartigkeit resultiert seine rituelle Macht. (Vgl. Jensen 1974: 63)

3.3 Todesrituale

Die Iban führen drei Todesrituale durch. Jedes Ritual beinhaltet die Vorstellung einer „Reise" eines Bestandteiles der verstorbenen Person. Das erste Ritual, das Totengeleit (*nyenggai' antu*), stellt die Reise der Seele des gerade Verstorbenen in die Unterwelt dar. Dieses Ritual wird geleitet von einer Seelenführerin. Die Zeremonie des Abtrennens der *bunga*- Pflanze (*pelian beserara bunga*) wird von einem *manang* durchgeführt und hat das symbolische Abtrennen des der verstorbenen Person zugeschriebenen Astes von der *bunga*- Pflanze seiner Familie zum Inhalt. Schließlich wird die nun zu einem Ahnen transformierte Seele des Verstorbenen im Ritual des Festes der Ahnengeister (*gawai antu*) zu einem Fest geladen. Diese Feier wird durch eine Gruppe von Barden (*lemambang*) gestaltet. (Vgl. Sather 2003: 176, 181)

3.3.1 Das Totengeleit (*nyenggaï antu*)

Der Ursprung dieses Todesrituals liegt in einem Mythos über den legendären Helden Serapoh, der in einem Gespräch mit dem Geist Puntang Raga Anweisungen bezüglich durchzuführender Todesrituale erhält (vgl. Jensen 1974: 93 f.).

Eine Person wird für tot erklärt, sobald sie aufhört zu atmen. Anschließend wird der Körper gewaschen, bekleidet und in einen Holzsarg gelegt. Auf der Veranda des Langhauses wird indessen eine rechteckige Kammer aus gespannten Tüchern (*sapat*) konstruiert, in welcher der Sarg platziert wird. Um den Sarg herum wird ein Teil der persönlichen Gegenstände des Verstorbenen positioniert, die später mit ihm begraben werden und ihm so im Totenreich zur Verfügung stehen sollen. Die restlichen Gegenstände werden in ein Bündel (*ulit*) verpackt und bis zu einem späteren Zeitpunkt aufbewahrt. (Vgl. Sather 2003: 184 ff.)

In der folgenden Nacht wird eine Nachtwache für den Toten gehalten, wobei die herbeigerufene Seelenführerin (*tukang sabak*) ein Klagelied (*sabak*) singt. Ihr Gesang beginnt bei Sonnenuntergang und endet kurz vor Sonnenaufgang. Sie ist die einzige Person, die innerhalb des *sapat* nahe dem Verstorbenen sitzt, die Trauergäste versammeln sich um den *sapat* herum. In ihrem Gesang beschreibt sie die einzelnen Phasen der Reise, welche die Seele des Verstorbenen in die Unterwelt vollzieht. Zu Beginn wird die Seele informiert, dass sie nicht mehr am Leben ist und die Welt der Lebenden nun verlassen muss. Nach einer Abschiedszeremonie verlässt die Seele zusammen mit den vor dem Langhaus versammelten Geistern der Ahnen das Gelände und überquert die Brücke der Angst (*Titi Rawan*). Anschließend wird die Gruppe durch das „Tor in der Erde" (*Pintu Tanah*) ins Totenreich eingelassen, wo sie in einem Boot bis zum Langhaus der Ahnen gelangen. Es existiert die Vorstellung, dass, während die Seelenführerin singt, die Seele der *tukang sabak* die Reise gemeinsam mit der des Toten vollzieht.

Daraufhin bekommt der Körper ein letztes rituelles Mahl, bevor der Sarg zum Friedhof getragen und in ein Loch in der Erde hinuntergelassen wird. Am Kopfende wird ein Schild aufgestellt und die persönlichen Gegenstände werden um das Grab herum platziert. Schließlich kehrt die Gesellschaft zum Langhaus zurück und isst ein Festmahl. (Vgl. Sather 2001: 8 ff.)

Nach dem Essen beginnt die erste Trauerzeit (*pana*), die drei Tage andauert. In dieser Zeit wird die ehemalige Wohnung des Verstorbenen verdunkelt, um eine Verbindung zum Totenreich zu symbolisieren. Außerdem werden die Familienmitglieder von der Gesellschaft isoliert. Außerhalb des Dorfes wird ein Unterstand errichtet und ein Feuer entzündet, an dem sich die Seele wärmen kann, wenn sie in die Welt der Lebenden zurückkehrt. Nach Ablauf dieser drei Tage wird der Unterstand zerstört, um der Seele die Endgültigkeit des Todes zu verdeutlichen und sie ihr Schicksal akzeptieren zu lassen. (Vgl. Sather 2003: 193 ff.)

Die zweite Trauerphase (*ulit*) dauert einen Monat, in dem der gesamten Langhausgemeinschaft Restriktionen auferlegt werden. Das Ende dieser Zeit wird durch die Zeremonie des Aufschneidens des *ulit* (*ngetas ulit*) angezeigt. [5] Dieser im Moment des Todes gepackte Container wird nun von einem männlichen Gast geöffnet. Anschließend schwenkt der Gast ein Huhn über den Köpfen der Familie und berührt ihre Hände mit einer blutigen Feder, um sie aus der Trauerzeit zu befreien. (Vgl. Sather 2003: 200 ff.)

---

[5] Ursprünglich war die Praxis der Kopfjagd mit den Todesritualen verknüpft. Diese Verbindung zeigt sich im bereits erwähnten Mythos von Serapoh, in welchem die von den Iban durchgeführten Todesrituale festgelegt werden. Es existierte die Vorstellung, dass nur durch das Abtrennen eines Kopfes der vollständige Übergang eines Toten in die Unterwelt ermöglicht werden konnte. Folglich beendete die Rückkehr von einer Kopfjagd mit einem frischen Kopf die Trauerzeit. (Vgl. Sather 2003: 201)

3.3.2 Das Abtrennen der *bunga*- Pflanze (*pelian beserara bunga*)

Dieses Ritual findet in der Nacht nach Beendigung der zweiten Trauerphase statt. Der zuständige *manang* befestigt hierzu in seinem Schrein eine Bambuspflanze an einem Speer, welcher in einem Tonkrug steckt. Dieser Bambusstock symbolisiert die *bunga*- Pflanze der betroffenen Familie. Ein Armband wird zur Identifikation eines Astes mit dem Verstorbenen über einen der Zweige gestreift. (Vgl. Sather 2001: 327 f.)

In der ersten Phase dieses Rituals spielt der Schamane die Rolle des Schöpfergottes Selampandai. In seinem Gesang teilt er den Reichtum der Familie in zwei Hälften. Die eine Hälfte wird den Toten zugesprochen, welche aus Dankbarkeit magische Sprüche übergeben, während die Familie die andere Hälfte zur Sicherung ihres Fortbestandes und ihrer Fruchtbarkeit erhält. In der zweiten Phase singt der *manang* vom Abschiedsschmerz des Toten, dabei umkreist er den Bambus und schneidet zu einem bestimmten Zeitpunkt den Ast des Toten ab.

„Then speaks Lansu', Shaman Usam,
'How can I not seperate you?
For you have died, because the gods no longer
watch over you.
Therefore I break you off like a twig from the end
of the main branch.'" (Vgl. Sather 2001: 361 f.)

An dieser Stelle wird aus der Seele des Toten (*semengat*) ein Geist (*antu*), welcher keinerlei Ähnlichkeit mehr mit einem Menschen besitzt. Der Geist des Toten akzeptiert nun sein Schicksal und ist bereit, endgültig ins Totenreich zu reisen. An diesem Punkt wird der Gesang des *manang* unterbrochen, um den den Toten zugesprochenen Anteil der Lebensmittel mitsamt dem abgetrennten Ast in den Fluss zu werfen, von wo sie ins Totenreich treiben. Zurück im Haus singt der *manang* erneut von der Reise des Geistes des Toten in die Unterwelt, doch beschreibt er diese Welt als angsteinflößend, um die Seelen der Verwandten daran zu hindern, ihm zu folgen. Anschließend stellt er die Integrität der Welten wieder her, indem er zur Trennung der Dimensionen unsichtbare Barrieren aufstellt. (Vgl. Sather 2003: 205 ff.)

3.3.3 Das Fest der Ahnengeister (*gawai antu*)

Diese Zeremonie ist äußerst kostspielig, weshalb sie nur einmal in jeder Generation stattfindet. Sie wird für alle in diesem Zeitraum Verstorbenen durchgeführt. Sie birgt eine große Gefahr für die Lebenden. Falls die Zeremonie nicht korrekt durchgeführt wird, besteht die Möglichkeit, dass sich die Toten rächen und das gesamte Langhaus ‚heiß'[6] wird. (Vgl. Sather 2001: 78)
Es herrscht die Vorstellung, dass sich die Geister der Toten zu diesem Zeitpunkt zu einer Langhausgemeinschaft zusammengefunden haben und nur noch als Kollektiv angerufen werden können. Die Vorbereitungen für dieses Ritual sind aufwendig und reichen vom Kochen von Reiswein über die Einladung von zahlreichen Gästen bis hin zur Sammlung von Materialien, welche im Verlauf der Zeremonie benötigt werden. Der auf diese Weise zusammengetragene Bambus und das Holz werden an speziell für diesen Zweck ausgewählten Orten (*taba*) gelagert und nachher zu rituellen Körben (*garung*) und Bestandteilen von Grabhütten (*sungkup*) verarbeitet. Die Form dieser Körbe symbolisiert die individuellen Errungenschaften eines Verstorbenen. Die aus dieser Verarbeitung übrig gebliebenen Reste werden zurück zum *taba* gebracht, in der Vorstellung jedoch treiben sie in einem Fluss ins Totenreich und informieren die Geister, dass sie zu einem Fest eingeladen sind.[7] (Vgl. Sather 2003: 227 ff.)
Am ersten Tag des Festes bereiten die Frauen das Essen vor, während die Männer vor jedem Appartement, dessen Familie eines Toten gedenkt, einen Altar (*rugan*) aufbauen. Auf diesen werden Speiseopfer dargebracht, die die Geister ernähren sollen, außerdem sind sie mit Gegenständen versehen, die an den jeweiligen Toten erinnern. Bei Sonnenuntergang wird das Eintreffen der Geister der Verstorbenen mit einer Prozession der Gastgeber gefeiert. In der darauf folgenden Nacht singt eine Gruppe von Barden (*lemambang*) ein Dankeslied über Reiswein, den sie dabei in Schalen mit sich tragen.
Am folgenden Morgen trinkt eine Gruppe von Männern Reiswein aus Bambusrohren, welche in den *garung*- Körben aufgehängt worden waren. Der Wein symbolisiert die aus einer Leiche austretenden Flüssigkeiten. Dieser Vorgang stellt den Höhepunkt des *gawai antu* dar. Am nächsten Tag, vor der Rückkehr der Gäste nach Hause, bauen die Männer jeder Familie die

---

[6] In der rituellen Sprache des *leka pelian* wird heiß (*angat*) mit Gefahr und Chaos in Verbindung gebracht (vgl. Sather 2001: 74f.).
[7] Diese Vorstellung hat ihren Ursprung im Mythos des Besuches des Lebenden Kedawa in Sebayan. Er gelangte nach dem Tod seiner Frau unabsichtlich nach Sebayan, wo er sie wieder traf. Er wird jedoch von ihr angewiesen, das Land der Toten zu verlassen. Bevor er geht, werden Bambus- und Holzreste angeschwemmt, wodurch die Geister der Verstorbenen über die Festvorbereitungen informiert werden. (Vgl. Sather 2001: 110 f.)

vorbereiteten Grabhütten über dem jeweiligen Grab auf (vgl. Sather 2001: 88). Sobald alle Gäste gegangen sind, findet ein Reinigungsritual (*mulai ka semengat asi*) statt. (Vgl. Sather 2003: 235 ff.) Dieses Ritual ehrt die Toten und erinnert an die individuellen Taten der Verstorbenen. Hier findet die endgültige Verwandlung eines Toten in einen Ahnen statt. Aus dem Individuum ist die Gemeinschaft der Ahnen geworden, die nun in Ritualen angerufen werden kann. (Vgl. Sather 2003: 237)

4. Analyse

Bei einer Analyse der von Robert Hertz aufgestellten Theorien über eine Transformation sowohl des verstorbenen Individuums als auch der Gesellschaft durch ein zweistufiges Begräbnisritual fallen zahlreiche Parallelen auf.

Die Iban sehen eine vom Geist des Verstorbenen ausgehende Gefahr. Um die Gesellschaft zu schützen, werden alle Elemente der verstorbenen Person aus ihr entfernt. Zu Beginn der Todesrituale und damit des Ausgrenzungsprozesses wird durch den Gesang der Seelenführerin (*tukang sabak*) dargestellt, wie die Seele des Verstorbenen die Welt verlässt und ins Totenreich überwechselt. In der Folgezeit ist diese Übergang jedoch noch nicht komplett, woraus resultiert, dass die Seele in diese Welt zurückkehren kann. Die anschließenden Trauerphasen *pana* und *ulit* verdeutlichen diese Problematik. Aus dieser Vorstellung resultiert, wie in Hertz' s Studie ersichtlich, die Ausgrenzung der nächsten Angehörigen aus der Gesellschaft. Die ehemalige Wohnung des Verstorbenen wird sogar als Auswuchs des Totenreiches angesehen und von den übrigen Mitgliedern der Gemeinschaft gemieden. (Vgl. Sather 2003: 200) Nach Abschluss dieser Zeitspanne findet das Ritual des Abtrennens der *bunga*- Pflanze statt, welches schließlich die materiellen Güter des Verstorbenen sowie seine familiäre Zusammengehörigkeit aus der Gesellschaft extrahiert. Jedes Element der Person des Verstorbenen geht nun in das Totenreich über und seine Präsenz wird vollständig und unwiderruflich aus der Gesellschaft entfernt. Auch wenn die Iban kein zweites Begräbnis im wörtlichen Sinne durchführen[8], findet die Reintegration schließlich im Fest der Ahnengeister statt. Das Individuum wird zu diesem Zeitpunkt als in die Gemeinschaft der Ahnen transferiert angesehen, weshalb es keine Gefahr mehr für die Kontinuität der Gemeinschaft darstellt. Erst durch

---

[8] In äußerst seltenen Fällen, meist beim Tod von hochgestellten Kriegern oder Herrschern, wird ein zweites Todesritual durchgeführt. Dieses hat zum Zweck, den Geist des Verstorbenen daran zu hindern, in die Unterwelt überzugehen, sondern ihn in dieser Welt zu etablieren, um den Menschen als Ratgeber zur Seite zu stehen. (Vgl. Sather 2003: 238 f.)

dieses Fest wird es dem Verstorbenen möglich, in Ritualen angerufen und damit vollständig zum Ahnen zu werden. (Vgl. Sather 2003: 177 ff.)

Personen, die vor ihrem Tod keine lebenswichtige Stellung in der Gesellschaft innehatten, werden von ihr nicht mit einer Trauerphase (*ulit*) bedacht. Insbesondere Kinder und alte Menschen gehören dieser Gruppe an. So gibt man Neugeborenen die Namen der vor drei Generationen Geborenen, auch wenn diese Personen zu diesem Zeitpunkt noch leben. Erklärt wird das Fehlen der Trauerphase dadurch, dass diese Menschen bereits durch Kinder mit dem gleichen Namen ersetzt wurden und ihr Tod keinen gesellschaftlichen Verlust darstellt. (Vgl. Sather 2003: 180)

Im Gegensatz zu Hertz' s Theorien stellt jedoch der Tod im Glauben der Iban nicht das Ende aller Aktivitäten in dieser Welt dar. Während Teile einer Person ausgelöscht werden, bestehen einige Aspekte in einer anderen Dimension weiter und können Einfluss auf das Leben der Menschen nehmen. Außerdem wird der Tod nicht als einzigartiges, punktuelles Phänomen, sondern vielmehr als einen auch von Lebenden erfahrbaren Prozess begriffen, da die Seele ebenfalls in Träumen oder Krankheiten den Körper verlassen kann. Auch die Individualität des Verstorbenen wird nicht gänzlich durch eine Aufnahme in die Gemeinschaft der Ahnen ausgelöscht. So erinnern die *garung* - Körbe im *gawai antu* an die individuellen Leistungen einer konkreten Person, obwohl der Verstorbene ebenfalls anonym in der Gemeinschaft der Ahnen existiert. Es findet folglich durchaus eine Transformation des Verstorbenen sowie der Gesellschaft statt, doch ist diese Umwandlung weitaus differenzierter als es Robert Hertz darstellt. (Vgl. Sather 2003: 239 ff.)

5. Fazit

Die Iban leben in einer mehrdimensionalen Welt, die durch die Existenz unterschiedlicher Entitäten wie etwa der Götter und der Ahnengeister charakterisiert ist. Der Glaube daran, dass ein Mensch aus mehreren Komponenten, dem Körper, der Seele und dem Blumen-Bild besteht, ist ein wichtiger Aspekt ihres Weltverständnisses und die Basis zum Verständnis der Todesrituale. Im Traum, im Tod oder bei Krankheiten verlässt die Seele den Körper und muss durch einen Schamanen, den *manang*, zur Heilung des Patienten aus der Geisterwelt zurückgeholt werden. Dazu verwendet er spezielle Gesänge, *pelian* genannt, welche von der Reise seiner Seele in der Geisterwelt berichten. Nach dem Tod einer Person findet ein mehrstufiges Todesritual statt, wobei durch eine Aufeinanderfolge von drei Reisen je eines Aspektes der Person zuerst eine Ausgrenzung und schließlich eine Reintegration in die Gesellschaft im

Zentrum steht. Wie in der Analyse ausgeführt, lassen sich die Todesrituale der Iban durchaus auf die von Hertz ausgeführten Überlegungen übertragen, auch wenn die Vorstellung bezüglich einer strikten Trennung von Leben und Tod zu Gunsten eines ineinander verwobenen und sich gegenseitig beeinflussenden Prozesses revidiert werden muss.

6. Bibliographie

1. **Hertz, Robert** (1960): *Death and the right hand.* Aberdeen.
2. **Jensen, Erik** (1974): *The Iban and their religion.* Oxford.
3. **Pilz, Annemarie** (1988): *Manang Jabing Anak Incham : a study of an Iban healer, Sarawak.* Berlin.
4. **Sather, Clifford** (2001): *Seeds of play, words of power. An ethnographic study of shamanic chants.* Kuala Lumpur.
5. **Sather, Clifford** (2003):*Transformation of the self and community in Iban death rituals.* In: William D. Wilder (Hrsg.) (2003): *Journeys of the soul. Anthropological studies of death, burial and reburial practices in Borneo.* Phillips,USA: 175-247.
6. **Sutlive, Vinson H.** (1978): *The Iban of Sarawak.* Arlington Heights.
7. **Wilder, William D.** (Hrsg.) (2003): *Journeys of the soul. Anthropological studies of death, burial and reburial practices in Borneo.* Phillips,USA.

Links:

http://www.sarawaktourism.com (Stand 24.02.2005)